Alianza Cien
pone al alcance de todos
las mejores obras de la literatura
y el pensamiento universales
en condiciones óptimas de calidad y precio
e incita al lector
al conocimiento más completo de un autor,
invitándole a aprovechar
los escasos momentos de ocio
creados por las nuevas formas de vida.

Alianza Cien
es un reto y una ambiciosa iniciativa cultural

LEOPOLDO LUGONES

El vaso de alabastro y otros cuentos

Alianza Editorial

Diseño de cubierta: Ángel Uriarte

© Leopoldo Lugones
© Alianza Editorial, S. A. Madrid, 1995
Calle J. I. Luca de Tena, 15; 28027 Madrid; teléf. 393 88 88
ISBN: 84-206-4678-4
Depósito legal: M. 16.306-1995
Impreso por Impresos y Revistas, S. A.
Printed in Spain

El vaso de alabastro

A Alberto Gerchunoff

Mr. Richard Neale Skinner, A.I.C.E., F.R.G.S. y F.A.S.E, lo cual, como se sabe, quiere decir por extenso y en castellano socio de la Institución de Ingenieros Civiles, miembro de la Real Sociedad de Geografía y miembro de la Sociedad Anticuaria de Edimburgo, es un ingeniero escocés jefe de sección en el ferrocarril de El Cairo a Asuán, donde se encuentran las famosas represas del Nilo, junto a la primera catarata.

Si menciono sus títulos y su empleo es porque se trata de una verdadera presentación; pues Mr. Neale Skinner hállase entre nosotros desde hace una quincena, procedente de Londres, y me viene recomendado por Cunninghame Graham, el grande escritor cuya amistad me honra y obliga.

Mr. Neale, a su vez, me ha pedido esta presentación pública, porque el viernes próximo, a las 17:15, iniciará en un salón del Plaza Hotel, su residencia, algunas conversaciones sobre los últimos descubrimientos relativos a la antigua magia egipcia, y desea evitar que una información exagerada o errónea vaya a presentarlo como un charlatán en busca de sórdidas conveniencias. Sabiendo el descrédito en que han caído tales cosas, adoptará, todavía, la precaución de no invitar sino personas calificadas y que posean algunos conocimientos históricos sobre la materia (bastará con algo de Rawlinson o Maspero): por lo cual, los interesados tendrán que dirigirse a él en persona. Mr. Neale habla correctamente el francés.

Nada tan distinto, por lo demás, de esos barbinegros magos cuya manida palidez frecuenta los vestíbulos internacionales, arrastrando la admiración en el énfasis de su lentitud remota. Mr. Neale es rubicundo y jovial, y hasta me parece que algo corto de genio. Cuando fui a pagarle la visita, hallábase, precisamente, alegre como un colegial, por haberse dado en el hotel con un condiscípulo del Marischal College, oriundo también de la sólida Aberdeen, su ciudad natal: Mr. Francis Guthrie, un escocés que por su traje y su pecosa rugosidad parecía tallado en el granito del lejano país.

Tampoco hay nada de «oculto» en el viaje de Mr. Neale. Trátase de un prosaico estudio de nuestras maderas fuertes, que la administración ferroviaria egipcia propónese ensayar para el asiento en terrenos pantanosos.

Claro es que a poco andar, y como nuestro huésped me manifestara su intención de disertar sobre la magia egipcia, ya estaba yo preguntándole por los últimos descubrimientos que han enriquecido la arqueología con desusada profusión:

—En Egipto —habíame dicho él mismo— todo el mundo es un poco arqueólogo.

Y retomando el hilo de su pensamiento:

—La arqueología se vuelve allá una tentación irresistible.

El rumoreo de un joven y animado grupo que cruzaba el *hall* cortó un momento su palabra.

—Yo tardé bastante —prosiguió— en apasionarme por los descubrimientos. Eso tenía que venir, pero a mí me ocurrió en forma distinta de la habitual.

»Era yo un cazador entusiasta, y no ocupaba mis asuetos en otra cosa, cuando cierto día tuve la ocasión de salvar, mediante un tiro certero, a un muchacho egipcio, desertor de la caravana del Sennar, que bañándose en el río había caído presa de uno de esos cocodrilos, casi legendarios ya, pero que viven aún más allá de las cataratas: verdaderos monstruos que vale la pena ir a buscar, haciendo algunos centenares de kilómetros.

»Aunque salió con su brazo izquierdo casi inutilizado por la terrible mordedura, Mustafá, mi protegido, guardóme aquella inagotable gratitud, característica del musulmán, sobre todo cuando cree deber el favor de la vida; pues, entonces, sólo considera redimida su deuda mediante un favor igual. Exageraba todavía su afección por mí, el hecho de haberlo tomado a mi servicio, para aliviar de tal modo la desgracia de su mutilación.

Fue él quien, de vuelta a mi puesto, que era entonces Esné, la antigua Latópolis de los griegos, despertó mi curiosidad, regalándome dos joyas antiguas, sumamente curiosas: un gavilancito de oro esmaltado y un sello de cornalina, que cifrado con el *onj* jeroglífico, o sea, la palabra "vida", es un amuleto de preservación.

»Inútil cuanto hice por averiguar la procedencia de aquellos objetos —ciertamente raros entre las chucherías arqueológicas de la explotación habitual— incluso el recuerdo de la ley que castiga el tráfico y la ocultación de antigüedades valiosas. Mustafá se evadía con las exclamaciones árabes de cajón: "¡Quién puede saberlo! Que Allah compadezca mi ignorancia." O bien: " ¡Sólo Allah es omnisciente!"...

»El caso es que esos *felahs,* cruzamiento de árabe y de egipcio, saben y callan muchas cosas, a despecho de la opinión corriente. El sentimiento nacional que parecía dormido en aquellos naturales acaba de causar a mis compatriotas más de una sorpresa.

»Nativo de Esné, que es una de las estaciones de la caravana en la cual se enganchó para ir a caer víctima del cocodrilo, Mustafá es muy experto en excavaciones arqueológicas, pues la mencionada ciudad hállase a unas veintiocho millas tan sólo de la antigua Tebas. Y él, como peón de numerosos exploradores, había hecho, por decirlo así, toda la "carrera".

»Desde que, niño aún, conchabábanlo para que animara a los jornaleros, cantando, tal cual los vendimiadores homéricos en la descripción del escudo de Aquiles, hasta que, mayorcito, cargaba las espuertas de escombros, y ya adolescente, manejaba el azadón, su experiencia llegó a ser grande en la materia.

»Poseía lo que es también un don de su raza, el discernimiento de los indicios imperceptibles; pero lo rudo de la tarea y lo mísero del jornal, acabaron por inducirlo a cambiar de trabajo, enganchándose en la caravana donde tampoco pudo aguantar la faena realmente atroz de camellero. Es un temperamento sensible, de una delicadeza superior a su medio. Así, de doméstico, pasó a ser luego mi ayudante.

»Cuando me persuadí de que no averiguaría la procedencia de las joyas, quizá ignorada, en suma, por el propio Mustafá, entré a interrogarlo estrictamente sobre las tumbas faraónicas que han dado tanta notoriedad al famoso Valle de los Reyes, desde el descubrimiento, ya un tanto lejano, del estupendo sepulcro de la reina Hatshepsut. Tras largos rodeos, adquirí la seguridad de que conocía más de un derrotero importante; pero jamás accedió a revelármelos, no obstante la visible aflicción en que lo ponían mis ruegos.

»—Te causaría —afirmaba— irreparable daño.

»Y después, con solemnidad:

»—Nunca seas el primero que penetre en las tumbas reales. No inquietes con la violación a los guardianes de la entrada. Nadie escapa al enojo de los reyes.

—Sí, sí —dije yo entonces bromeando—. El conocido cuento de la venganza de la momia.

Con gran sorpresa mía, el jovial Mr. Neale permaneció grave. Miró un momento la ceniza de su cigarro...

—Es que algo hay de cierto —afirmó con sencillez.

—¡Cómo, usted sostendría...! —interrumpí, esbozando un vivo movimiento de incredulidad.

—Yo nada sostengo. Narro lo que he visto y nada más —replicó mi interlocutor sin cambiar de tono.

Luego, calmándome con un ademán:

—Juzgará usted mismo. Pero le ruego que me deje proceder con cierto orden. Tengo el hábito de los informes técnicos... y fastidiosos —creyó deber añadir con una sonrisa.

»Visitando un día con Mustafá el hipogeo de la reina Hatshepsut, donde estudiaba *in situ* la mejor escritura jeroglífica, la clásica, diríamos, que corresponde, para mayor ventaja, a los gloriosos tiempos de la décima octava dinastía, pues no hay libro comparable en claridad, tamaño y color, a esos vastos muros verdaderamente "iluminados" de historia, recordaba a mi ayudante, menos por interesarlo que por complacerme, diciéndomelo a mí mismo, la biografía de aquella soberbia emperatriz, incomparable estrella de su cielo dinástico.

»Y con la aproximación quimérica que a través de los siglos sugieren allá las necrópolis intactas, donde han subsistido en la imperturbable serenidad hasta las flores de hace tres mil años, creo que infundí una especie de entusiasmo personal, tal vez de cierto vago amor, a la expresión con que dije:

»—Divina reina, heroína y mujer, que vence como un faraón, hasta adquirir el derecho de inmortalizarse con la desnudez viril y la barba de oro de las estatuas triunfales, y al propio tiempo envía una flota que le traiga a su jardín, para envolverse en sahumerios como una deidad, los sicomoros de incienso del País de las Aromas. ¿No es de una coquetería realmente imperial esa expedición a la costa turífera de los actuales somalíes, y esa avidez suntuaria con que manda sacar a tanto costo las piedras preciosas, los metales nobles, las maderas finas, el lapislázuli y el marfil; y todavía la construcción de aquella tumba prodigiosa, cuyas galerías de casi doscientas yardas se hunden cerca de noventa en la roca viva de la montaña sepulcral..?

»Entonces Mustafá, con un acento y una penetración psicológica que no le conocía, dijo:

»—Pones en tus palabras tanta pasión, que te libras indefenso a todas las influencias. Por eso no quiero conducirte a las tumbas reales. Aunque te rías de mí, lo cierto es que los antiguos pusieron "espíritus materiales" para guardar la entrada. Son los vengadores siempre despiertos. Cada cual tiene su modo de ofender, pero todos matan. En poco más de un año que duró la exploración de este sepulcro de la reina, hubo dos suicidios entre los exploradores.

»Sólo más adelante comprendería yo aquella expresión que me pareció absurda de "espíritus materiales", empleada por Mustafá, extraordinariamente locuaz ese día; pero su competencia en excavaciones realzóse ante mí con la insospechada agudeza que acababa de revelarme. Así, cuando algún tiempo después me escribió el secretario de lord Carnarvon, a título de F.A.S.E., para solicitarme ayuda en las exploraciones del hipogeo de Tut-Anj-Amón, que iban a empezar, creí hacerle, en la persona de Mustafá, la mejor recomendación de un buen práctico.

—De modo que usted asistió... —empecé.

—Efectivamente. Debí a esa circunstancia la invitación de asistir a la apertura.

—¿Entonces opina usted que el tan comentado fallecimiento del lord fue, como se dijo por fantasía, una consecuencia de ese acto?

—Repítole que voy a narrarle lo que pasó y nada más.

»Cuando se dio con el hondo pozo que conduce a la puerta de la cámara mortuoria, mi ayudante, a causa de su invalidez, no pudo tomar parte en la extracción de los bloques de piedra que lo obstruían, ni descender como el lord, los invitados y los dos jornaleros agregados al grupo, en las *cufas* o espuertas egipcias. Estaba pálido, aunque impasible, y sólo creí notar que me señalaba con los ojos a la atención de uno de los jornaleros prontos a iniciar la bajada: hombre maduro ya, pero vigoroso. Luego, acercándose con respeto:

»—Olvidabas el talismán —dijo, entregándome el sello de cornalina.

»Efectivamente, habíame ocurrido eso al sustituir mi traje habitual por el recio vestido de campaña que es menester adoptar para los descensos, y que constituye una de las torturas de esa angustiosa operación.

»Quien no lo ha realizado, tampoco puede apreciar lo que significa el deslizamiento, en gran parte al tanteo, por las dilatadas galerías donde el aire confinado durante siglos, el polvo impalpable y la temperatura de horno, prolongan hasta la agonía una desesperante sofocación.

»Nada más distinto del maravilloso paseo arqueológico que sugiere al lector la narración del descubrimiento. El descenso del pozo sepulcral es peligroso, además de siniestro. Hay que precaverse mucho de las rozaduras contra los cantos filosos de las paredes, pues bajo el clima de Egipto la más pequeña herida puede acarrear consecuencias funestas.

»Obligado usted a reducir su equipo para deslizarse entre los derrumbes casi infaltables que ha producido por presión y desnivel el paulatino desmoronamiento de la montaña, su reducida caramañola sólo alcanza a disimular la sed provocada por una transpiración excesiva. Pero, lo más atroz, es el recio traje que debe uno conservar para no herirse, y en previsión de la salida con retardo bajo uno de esos bruscos fríos que sobrevienen en los arenales apenas declina el sol: otro de los riesgos peculiares a la comarca. Dijérase que, hundido en la fúnebre excavación, lleva usted sobre los hombros todo el peso de la siniestra montaña que vio al entrar, como descolgándose en denso manto de arena sobre las tumbas enterradas a su vez bajo la infinita desolación de aquel Valle de los Reyes.

»Pero el prodigio de la tumba descubierta era tal, que hubiera valido, aún, mayores penurias.

»No voy a ensayar su descripción, ni a recordar la ilustre comitiva; cosas popularizadas, por lo demás, en todos los *magazines*. Sólo le diré que la apertura de las cámaras del moblaje, inmediatamente anteriores a la del sarcófago, fue un deslumbramiento.

»Figúrese que ocho meses después no se había acabado de inventariar el contenido en muebles, estatuas, adornos y vajilla. No se recuerda hallazgo más valioso, desde el que se hizo con el hipogeo de la reina Hatshepsut; y ese Tut-Anj-Amón, su descendiente, resultaba digno, por cierto, de clausurar el victorioso período de aquella décima octava dinastía, con que los reyes tebanos dieron a Egipto su máximo esplendor hace más de tres mil años. La extenuación de largos meses de tarea, que en los últimos días llegaba a doloroso agotamiento, desvanecióse ante esa maravilla casi eterna.

»Nunca se agradecerá bastante la munificencia con que lord Carnarvon puso toda su fortuna en tal empeño, costoso como ninguno, además, y el entusiasmo, el esfuerzo, el desinterés con que le sacrificó su propia vida. Pero vuelvo a mi estricta narración.

»Llegaba el momento, entre todos solemne, de derribar el último tabique, asaz ligero, por cierto, que nos separaba de la cámara del sarcófago. Es siempre algo lúgubre, y hasta no exento de cierta inquietud esa profanación de tan largo sueño...

»Cuando apareció, pues, tras el polvo lentamente desvanecido del postrer azadonazo, en la vaga oscuridad, más bien teñida que alumbrada por los haces eléctricos, la celda ritual con su enorme féretro solitario, fue como si desde su bajo y estrecho ámbito de cueva nos diese en la cara la respiración de la sombra. Algo inmensamente augusto nos sobrecogió.

»Pero ya lord Carnarvon trasponía esa última puerta. Era su derecho, tan justamente ganado. Dio una rápida vuelta por la cámara mortuoria, inclinóse sobre el sarcófago, sin tocarlo, y salió para dejar paso a las ilustres personas de la comitiva, pues en el estrecho recinto no cabían más de dos.

»Entonces noté que del lado de afuera, es decir, donde yo me encontraba, había junto a la puerta dos vasos de alabastro cerrados con tapas cónicas de la misma sustancia.

»Lord Carnarvon se acercó a uno, movió, instintivamente, sin duda, la cubierta alabastrina, y ésta cedió girando, pues hallábase atornillada con la perfecta maestría de esos trabajos egipcios. Suavemente, sin un crujido, fue desprendiéndose ante nuestros ojos estupefactos.

»Mas, una sorpresa mucho mayor nos aguardaba:

»¡Del vaso destapado exhalóse un vago, pero distinto perfume que refrescó el ambiente!

—Recuerdo haber leído eso con asombro —dije.

—Sin duda —repuso Mr. Neale—; y yo mismo lo mencioné en una descripción publicada por la *Monthly Review*. Nadie ignora que Egipto fue el país de la química, ciencia cuyo mismo nombre parece derivar de «Chem» o «Quem», como llamaban los hebreos a la nación egipcia, según se ve por el salmo CV: el de la recapitulación; y la flota de Hatshepsut, nos indica hasta qué punto era grande en su época la importancia de los perfumes.

»Con todo, la duración de aquel cuerpo volátil resultaba extraordinaria; o mejor dicho, su cautividad de treinta siglos en una perpetuación casi inmortal. Así se me reveló el motivo de la preferencia que los antiguos griegos y romanos daban a los vasos de alabastro, para guardar perfumes. Recordará usted que, en griego, los preciosos vasitos perfumarios llamábanse alabastros por antonomasia. Sería una de las tantas cosas que Grecia y Roma aprendieron de Egipto.

»Pero más extraña aún que el perfume fue la frescura que difundió en torno. Digo mal frescura, pues era más bien una especie de frío sutil, semejante al del mentol. El caso es que yo y el lord nos estremecimos bajo esa especie de helada delgadez que se desvaneció como un suspiro instantáneo.

»El lord se inclinó y aspiró fuertemente, con su nariz en la boca del vaso.

»—Vale la pena, dijo, conservar el recuerdo de tan antiguo perfume.

»Hubo en la puerta un ligero atropellamiento que llamó su atención, y yo aproveché la coyuntura para intentar lo propio.

»En ese instante el *felah* a quien había hablado Mustafá interpúsose como una sombra, haciéndome con la cabeza y los ojos un enérgico signo de negación.

»Por más que dicho acto me asombrara, no le hice caso alguno e insistí. Entonces, arriesgando un ademán de audacia increíble en aquellos tímidos paisanos, asió mi brazo con brusquedad, al paso que murmuraba en árabe, para que sólo yo pudiera oír y entender:

»—*"Atórat-el-móut!"* ¡El perfume de la muerte!

»Entretanto, el lord acababa de tapar nuevamente el vaso.

»Cuando, algunas semanas después, pude ver de nuevo ambos recipientes, todo se había desvanecido, y sólo conservaban en el fondo una mancha resinosa, tan tenue, que era imposible analizarla.

»Digo algunas semanas después, porque, al salir del hipogeo, el frío del desierto me hizo daño. Caí enfermo como lord Carnarvon, bien que no de gravedad.

»Pero habíame impresionado mucho, al abandonar el pozo, una sentencia de Mustafá, que mientras me echaba sobre los hombros previsora manta, díjome por lo bajo, señalando al lord:

»—He ahí el que morirá. ¡Que Allah nos proteja!

»—¿Cómo lo sabes? —increpé con sorda irritación.

»—Le he oído el estornudo malo; el estornudo del chacal.

»Recordé, en efecto, aquel acceso que también había oído estallar con la sequedad lastimera de un gañido; pero repliqué, menospreciando la superstición:

»—Efecto del frío. Otros hemos estornudado también.

»—Cierto; pero a ti te rozó apenas el ala fatídica del vengador. Estarás bien dentro de una semana.

»Y como luego, en casa, discutiera todavía, reprochándolo con sensatez:

»—Es una fiebre que se explica por el excesivo cansancio, el aire confinado, la tensión nerviosa...

»...Mustafá pudo derrotarme una vez más, contestando impasible:

»—Al dificultar el acceso de sus tumbas, los antiguos contaban con esa predisposición, que entrega rendidos los violadores a los guardianes de la entrada.

»Casualidad o lo que fuere, lord Carnarvon no se levantó. Víctima de una extraña fiebre que no pudo la ciencia dominar, declarósele luego la neumonía cuyos síntomas yo también experimenté, y su fallecimiento malogró una bien útil y generosa existencia.

—Habíase hablado también de cierta infección causada por la picadura de un insecto...

—Sí, al principio, y no sin razón, porque ya le he dicho lo peligrosas que son las más pequeñas lesiones bajo el clima de Egipto. Éste es, en suma, el verdadero áspid de Cleopatra. Pero la neumonía fue, al menos para mí, un desenlace concluyente. Abrigo la convicción de que lord Carnarvon aspiró la muerte en la boca del vaso de alabastro.

»Así cobraba sentido la expresión paradójica de

Mustafá; pues el perfume mortífero era, en efecto, un "espíritu material", el "vengador" encerrado en los vasos tentadores como un efectivo "guardián de la entrada", "perpetuamente despierto". Nada, pues, de imaginarios demonios o "elementales" maléficos. La sencilla realidad venía a ser mucho más siniestra. ¡Terrible, en efecto, ese último sueño de los faraones cuyo reposo se aseguró para la eternidad, bajo una sentencia impersonal e inexorable como el destino!...

Mr. Neale iba, indudablemente, a proseguir; pero en aquel momento, casi rozando el diván donde conversábamos, una arrogante figura femenina cruzó apresuradamente el *hall,* removiendo como un bache de oro en polvo la mancha de sol poniente que caía desde una ventana lateral, con su magnífico tapado de kolinsky a la moda, y dejando esa ráfaga de perfume singular, que anticipa con genuina revelación el primer detalle de una verdadera elegancia.

No habíamos visto el rostro de la desconocida, que avanzando por detrás de nosotros, sólo nos reveló al pasar su gallardía y su perfume; pero mi interlocutor, enderezándose, palideció ligeramente, mientras murmuraba con sorda voz:

—«*Atórat-el-móut!...*»

Seguíamosla con ansiosa mirada, cuando, ya en el pórtico, vímosla cruzarse con el propio Mr. Guthrie, quien la saludó sin detenerse, subió a buen paso la escalinata, y advirtiéndonos casi al punto, dirigióse hacia nosotros. Regresaba del campo de golf, bastante cansado, según dijo al dejarse caer en el profundo sillón vecino.

—¿Tomaron ya ustedes el té? —preguntó en seguida.

Mr. Neale, sin contestar, interrogóle a su vez:

—Francis, permítame, ¿quién es esa señora?

—¿Esa señora?... —¡cuidado, Richard!, intercaló bromeando— ¿esa señora?... La verdad es que no sé gran cosa a su respecto. La conocí hace poco en el *dancing*. Parece que es una egipcia bastante misteriosa, mejor dicho bastante equívoca... Una aventurera, quizá... No sé quién me dijo —¡cuidado, Richard!, volvió a intercalar riendo cordialmente y arrellanándose en el sillón— que van ya dos hombres que se suicidan por ella.

Los ojos de la reina

A Rómulo Zabala

I

No bien supe por aquella breve noticia de periódico matinal que, según la consabida fórmula, Mr. Neale Skinner había «fallecido inesperadamente, víctima de una repentina enfermedad», cuando se me impuso con dominante nitidez la causa del suceso: Mr. Neale se ha suicidado por «esa» mujer.

Impresión a la vez dolorosa e indignada ante el prematuro fin de una vida útil y de una amistad ya excelente, si bien muy retraída ahora último por aquella fatal aventura.

Tenía apenas el tiempo suficiente para vestirme y acudir a la casa de huéspedes donde el malogrado ingeniero residió desde su incorporación al Ministerio de Obras Públicas, pues la noticia indicaba que el cortejo se pondría en marcha a las diez.

Pasada la triste ceremonia, trataría de averiguar esa tarde en la correspondiente repartición de la Dirección de Ferrocarriles lo que allá supieran del inesperado drama, pues Mr. Guthrie, único amigo común, andaba ausente por el interior, según mis noticias. Probablemente, pensé, la falta de aquel íntimo compañero habrá contribuido a precipitar la catástrofe.

Mr. Neale, a quien debí, como se recordará, la curiosa narración de «El vaso de alabastro», había sido contratado, poco después de fijar él su residencia entre nosotros, por la Dirección de Ferrocarriles, bien informada, en verdad, sobre su mérito de especialista.

Pero, su incorporación a nuestro cuerpo técnico, que todos celebramos, y cuyo acierto comprobó él mismo poco después, dilucidando una complicadísima regresión en cierto tramo de la línea de Huaitiquina, debióse a las relaciones que entabló con aquella misteriosa dama del «perfume de la muerte», cuya arrogante figura percibimos sólo al pasar la tarde de la recordada narración, y que según Mr. Guthrie, su conocido eventual, contaba dos suicidas entre sus adoradores...

Habiendo encontrado a la pareja en el teatro algunas veces, la circunstancia de que siempre ocupara palcos altos, y a una distancia que la discreción me vedaba acortar, impidióme percibir claramente el rostro de la dama, bastante esquivo, además, tras los calados sombreros a la moda; pero conocía la fama de su hermosura, por los comentarios sobre «la egipcia del Plaza», como le pusieron durante el breve tiempo de su residencia en dicho hotel.

Súpose luego su traslación a una casa de cierto barrio distante, donde el ingeniero la visitaba, y esto fue todo; mas la trivial aventura complicábase para mí con el recuerdo del mencionado perfume, que era, o pareció a Mr. Neale, el mismo del vaso de alabastro descubierto en la tumba de Tut-Anj-Amón, y cuya exhalación, según él, causó a lord Carnarvon la muerte.

II

Mientras pensaba todo esto, llegué al domicilio del difunto Mr. Neale, cuando el cortejo estaba ya organizado.

Los concurrentes, seis en totalidad, me eran desconocidos, con excepción de Mr. Guthrie, que había llegado la tarde anterior, pocas horas después del suceso, y que se hallaba profundamente abatido. Creo que mi presencia le fue grata, por la emoción con que estrechó mi mano en silencio.

Ocupé, pues, en su compañía uno de los dos coches que formaban el modesto cortejo, según la voluntad del difunto, expresada en su carta final; mientras tomaban el otro cuatro personas: un empleado del Ministerio, un huésped de la casa, que había trabado amistad con el extinto, y dos representantes de la «English Literary Society», me parece. Debimos, pues, aceptar a uno de los desconocidos, quien solicitó asiento con profunda cortesía. Mr. Guthrie hizo la presentación, pero en voz tan baja que no distinguí bien el nombre. Creí percibir algo como Nazar, o Monzón, apellidos que correspondían al tipo fuertemente criollo del sujeto, moreno, entrecano, de corta barba casi blanca.

Pero ya Mr. Guthrie me narraba los detalles breves, por lo demás, del funesto caso.

Absorto en su pasión, Mr. Neale había ido aislándose hasta cortar, o poco menos, casi todas las relaciones, aunque nada indicara en él desasosiego ni amargura.

No sin gran sorpresa, pues, recibió su compañero, en Tucumán, cuatro días antes, una carta sospechosamente alusiva a cierto largo viaje que debía realizar de un momento a otro, dando a entender como causa una comisión del servicio; pero agregando recomendaciones familiares de minuciosa intimidad, además de un pedido reiterado y perentorio: que por todos lo medios posibles se evitara molestias a su amiga, en caso de sobrevenir algún episodio desagradable.

Lleno de ansiedad, Mr. Guthrie partió en el acto, sin conseguir, no obstante, evitar el desastre que presentía.

Suicidio vulgar, en la solitaria habitación donde los demás huéspedes estuvieron casi junto con el tiro, la clásica epístola al comisario: «no se culpe a nadie»... «cansancio de la vida...» —excluía con tal evidencia toda complicación, que el juez pudo expedir a las nueve de la noche el permiso de inhumar, reclamado por la patrona con premura comprensible.

—La multitud de formalidades tan penosas —concluyó Mr. Guthrie— impidióme advertir a usted.

—Con todo —opiné yo—, creo necesario indicar al juez la posible influencia de esa enigmática persona. Una muerte es una muerte, y la galantería póstuma de Mr. Neale, delicadísima en verdad, no puede comprometer nuestra conciencia.

—Pero la última voluntad de los difuntos es sagrada... —repuso suavemente nuestro compañero eventual, mudo hasta entonces, con un acento que desvaneció acto continuo en mí la impresión de un compatriota.

Mr. Guthrie iba a decir algo también, cuando llegamos al cementerio.

III

La triste ceremonia concluyó pronto, bajo la invencible distracción de un sol espléndido, que parecía chispear, trizando vidrio, en el reclamo de los gorriones.

Despidímonos en la vereda, con la sobria cortesía que es de suponer; y como manifestara yo la intención de caminar un poco, aprovechando la agradable temperie, Mr. Guthrie me dijo:

—No puedo acompañarlo. Debo regresar al hotel cuanto antes, para no perder el correo que parte hoy, precisamente, pues deseo comunicar sin dilación la infausta nueva a la familia de mi amigo. Ruégole, tan sólo, que desista de su advertencia al juez, o, en todo caso, que no lo haga sin hablar antes conmigo.

Tuve que prometérselo, aunque con desgano, porque la impresión del primer momento continuaba viva en mí.

Entonces, el otro compañero del carruaje decidióse también a caminar, preguntándome si me incomodaba su compañía.

Respondíle que no, aun cuando poco me agrada

departir con desconocidos, y tomamos calle abajo en silencio.

Tres minutos después, una indiscreción del personaje confirmaba mi pesimismo en la materia.

Suavizando aún más el extraño acento que lo caracterizaba, y empleando un castellano singular, aunque sin tropiezos, creyóse autorizado para encarecerme:

—No desoiga usted el pedido de Mr. Guthrie, que es muy razonable y caballeresco. La voluntad del difunto...

Aquella impertinencia me exasperó. Y más por contrariarlo, que con la intención de proceder así, repliqué:

—Estoy, por el contrario, casi decidido a hacerlo. Es cuestión de conciencia.

Mi interlocutor palideció, deteniéndose aterrado.

—¡Señor!... ¡por favor!... ¡Por vida suya, señor!... —imploróme suplicante.

Mas, entonces, súbitamente intrigado ante su actitud:

—Pero usted —repuse—, ¿qué papel juega en este asunto?

—¿Yo...? Yo soy egipcio como esa señora... Su compatriota. Ella no es culpable... Se lo juro... ¡No!

—¿De modo que usted también la conoce... íntimamente?

Comprendió de golpe, a su vez, el mal camino que había tomado. Y recobrándose, dijo con gravedad:

—Soy, señor, el tutor de esa mujer. Ésta es la verdad completa.

Lo era, sin duda, a juzgar por su acento y su reacción. Mas, el enigma, lejos de aclararse, se complicaba.

Con todo, era yo, a no dudarlo, el dueño de la situación, y decidí jugarla en un lance definitivo.

—Su declaración —sentencié con aplomo—, lejos de tranquilizarme, aumenta mi perplejidad, si no mis sospechas. Hablaré con Mr. Guthrie, porque así se lo he prometido; pero mi resolución está tomada, a menos que usted resuelva franqueárseme sin doblez. Entendido, por lo demás, que nunca me haré cómplice de un delito.

Palideció más aún, y detúvose nuevamente, para convenir en voz baja:

—Así sea. Nadie puede contrariar su destino. Tiene usted en sus manos, sin saberlo, el de la más extraordinaria mujer, y ojalá no le sea fatal un día la revelación con que va a violentarlo. Pero, no hay tiempo que perder. Venga usted conmigo, señor, y conocerá por mi boca, que nunca ha mentido, el secreto de Sha-it.

—¿De Sha-it? —pregunté, ligeramente turbado por aquella solemnidad.

—Sí, el secreto de Sha-it-Athor, la Señora de la Mirada.

IV

—Mansur bey... —había dicho, aclarando su nombre, hasta entonces confuso, mi singular confidente, mientras me hacía los honores de su sala oriental, nada opulenta sin embargo.

Esto no impidió que yo resolviera observarlo todo con interés; pues lo distante del barrio, así como las palabras del personsje, indicáronme de sobra que me hallaba en la casa de aquella egipcia a quien él diera poco antes nombre y título tan extraños.

—Deseo, antes que nada, enterar a usted de mi persona y situación —empezó diciendo.

»Mi título de bey es puramente honorífico, pues me ocupo del comercio de diamantes que, muy afectado por la guerra y por las exigencias de los lapidarios holandeses, no cuenta en la actualidad sino con media docena de plazas importantes, casi todas americanas.

»Sha-it, que es huérfana y viuda, vive conmigo desde varios años atrás, y he aquí por qué nos hallamos en Buenos Aires.

»Mi modo de hablar el español, que advirtió usted en seguida, proviene de que lo aprendí entre los israelitas de El Cairo, donde hay muchos descendientes de los expulsados de España; aun cuando fue mi profesor Abraham Galante, nada menos, el ilustre hebraísta hispanófilo, a quien usted conocerá como autor.

»Quiero recordarle también, porque no es un secreto ya, que el movimiento general del Oriente en favor de la independencia, ha borrado casi del todo las ojerizas de raza y de religión, tan funestas para nosotros durante siglos; éxito que principalmente se debe a las fraternidades ocultas, unidas por un vínculo común, no ajeno tampoco al conocimiento de usted. Así desde los sikas hindúes hasta los drusos del Líbano, y desde los shamanes siberianos hasta la nunca extinta masonería de Menfis...

—¿La Menfis faraónica? —pregunté, con sorpresa.

—Sí, señor. La Menfis de los faraones. Aquella hermandad ha sobrevivido, como tantas otras cosas egipcias; y el vínculo que dije nos acerca, a despecho de la odiosidad, particularmente viva contra los judíos en el Oriente también.

»Verdad es que tenemos, como lo verá usted, parentesco antiquísimo con aquella raza, aun cuando esto suele resultar más bien un motivo de antipatía entre los pueblos; mas sólo quiero, por ahora, referirme a mis paisanos.

»Mr. Neale habíale dicho a usted, según lo leí en su narración, que los *felahs,* o campesinos de mi país, saben y callan muchas antiguas cosas.

»Es de inferir que los descendientes de las clases elevadas, pues aún quedan familias cuya tradición remonta a los faraones, sepan algunas más importantes por cierto.

»Sha-it pertenece a una de aquéllas, por abolengo dinástico; y cuando nació, sus padres, que profesando, en apariencia, el cristianismo jacobita, seguían fieles a las antiguas costumbres, mandaron sacarle el horóscopo magistral.

»Yo eché los cálculos, a la usanza de Tebas, y el cielo reveló un destino maravilloso.

»Pues como Sha-it es de sangre real, debía compararse su horóscopo con el de las antiguas reinas, hasta Cleopatra, mediante el archivo astrológico que la logia menfita custodia hasta hoy en criptas inexpugnables.

»Debía compararse, insisto, porque las almas de los muertos renacen con destino semejante o complementario al de su vida anterior, cuando han transcurrido de tres mil a tres mil quinientos años.

»Esto lo saben también vuestros arqueólogos, por la lectura de los jeroglíficos; mas, como dicha escritura tiene cinco claves, y ellos no han descubierto sino dos, ignoran muchas cosas sobre el misterio de la muerte: entre otras, que el sexo no cambia mientras debe el alma renacer, y que cuanto más elevada fue su vida terrestre, más prolonga el plazo de su reencarnación.

»De aquí que el horóscopo de Sha-it concordara con el de la reina Hatshepsut, muerta hace alrededor de tres mil quinientos años...

Aquello era demasiado fuerte para no indignarme.

—¡Bonita novela! —exclamé, riendo con airada malicia ante la enormidad.

Pero la actitud del egipcio me contuvo.

Apoyada su mejilla en la mano izquierda, sus ojos profundizaban con tal evidencia el misterio de las edades abolidas, su voz venía tan seguramente desde el fondo de la eternidad, su aspecto habíase revestido de una autoridad tan serena, que toda sospecha desvanecíase al punto; y como una emanación vagamente vertiginosa, algo suyo, no sé qué, pero algo sensible, que ahora me asombra y que entonces me pareció natural, imponía a su narración una certidumbre contemporánea.

V

—Hatshepsut —continuó, sin hacer caso alguno de mi protesta—, Hatshepsut, cuyo nombre leen mal los arqueólogos, pues debe pronunciarse Hatsú, fue, como usted recordará, la terrible faraona de la reconquista.

»La flor de oro y de hierro, de belleza y de gloria, en que triunfó hasta resplandecer sobre los tiempos aquella decimaoctava dinastía, que libertó a Egipto del dominio extranjero, prolongado tres centurias por los hicsos asiáticos.

»Renacida en Sha-it, ésta es, pues, la esperanza de Egipto. Pero su destino como tal flota todavía en la sombra futura...

»...Y el don de profecía —añadió como soñando— pertenece sólo a los maestros del tercer vértice, que no alcanzaré ya en mi actual existencia...

»El horóscopo, que es también nominal, impuso a la recién nacida el nombre de Sha-it-Athor, realmente formidable, si se considera que está compuesto con el de la diosa del destino: Sha-it, y con el de la Afrodita egipcia Athor, deidad del agua, como la griega, y patrona de la belleza por los ojos: o como se dice en lengua ritual, Señora de la Mirada.

»Pero aquí reclamo toda su atención, porque las cosas van a complicarse un poco.

»Sha-it es nativa de Esné, donde había residido Mr. Neale, como empleado del ferrocarril de El Cairo a Asuán; y esta circunstancia fue la que los aproximó con simpatía, después de aquella conferencia sobre magia egipcia que dio el ingeniero en el hotel.

»Esné era uno de los grandes centros mágicos del Egipto faraónico: una de las ciudades de Athor; y como eso provenía de la situación geográfica y magnética del punto, no de una fundación caprichosa, los griegos, cuya mitología fue de procedencia egipcia,

30

cambiaron el nombre de la ciudad por el de Latópolis, en la época de los Tolomeos, poniéndola así bajo la advocación de Latona, la madre de Apolo, una de las diosas de belleza, que al ser personificación de la noche (la noche es, naturalmente también, madre del sol) tenía estrellas por ojos: resultando, pues, una Señora de la Mirada. Nada había, entonces, de arbitrario en todo esto.

»Latona fue todavía, según usted recordará, perseguida por la serpiente Pitón, a la cual mató Apolo con sus flechas. Y la diosa egipcia Sha-it hállase vinculada por su nombre con Shaí, la misteriosa serpiente barbada del Nilo, que según los *felahs* vive aún en las aguas del río sagrado.

»Perdóneme usted estos detalles cuya mención va poniéndolo, por lo demás, en contacto con el antiguo misterio. La serpiente del Génesis tenía ojos de diamante, y tentó a Eva para el primer amor; y uno de los cuatro ríos del Edén era el Nilo...

»La fatalidad de la serpiente, o sea el poder de perdición por los ojos, debía pesar, pues, sobre Sha-it, y así es para su desgracia.

»Casada muy joven, a los catorce años, como se estila en Oriente, uno después era viuda por suicidio de su esposo: tragedia que ella provocó sin saberlo, bajo la acción de la fatalidad, sólo porque a ruego de aquél, y cediendo al abandono del amor, había consentido mirarlo en el instante del beso supremo.

»Nunca, por lo demás, lo ha sabido; ya que al producirse aquella desgracia, iniciadora de una serie fatal, la logia menfita, de acuerdo con sus padres, me encargó su custodia.

»El segundo episodio tuvo peores consecuencias para ella, y hallóse íntimamente relacionado con el descubrimiento del hipogeo de Hatsú.

VI

»Cuando la visita que, según usted mismo ha relatado, hizo Mr. Neale a esa tumba, en compañía de su ayudante Mustafá, éste habíale dicho:

»"Los antiguos pusieron espíritus materiales para guardar la entrada de las criptas. Son los vengadores siempre despiertos. Cada cual tiene su modo de ofender, pero todos matan. En poco más de un año que duró la excavación de este sepulcro de la reina, hubo dos suicidios entre los exploradores."

»Esto es lo que voy yo a narrarle.

»Fueron dos jóvenes ingleses que habían cortejado un poco a Sha-it, como todos los de la alta sociedad de El Cairo; pues aquélla, en sus dieciocho años entonces, alcanzaba una plenitud de belleza que era, sin exageración, el orgullo de la ciudad.

»Contribuyó a aumentar esta fama un detalle que al ser de motivo secreto como el destino de Sha-it, debía enconar después la calumnia de que fue víctima:

»Nuestro ritual prohíbe el luto a las reinas; y mientras está el sol en el horizonte, no pueden ellas despojarse de las joyas sagradas que las defienden contra toda posesión; las ajorcas de tres metales, los brazaletes de cinco piedras preciosas, los siete collares y la diadema con el áspid avanzado para morder el corazón enemigo.

»Ambos caballeros, como directores de la exploración, fueron los que, por codiciada preferencia, abrieron la cámara fúnebre.

»Ninguna excavación había sido tan costosa como la de ese hipogeo: más de un año para escombrar doscientos y tantos metros de galerías y de cámaras.

»Estas últimas contenían, como es sabido, un tesoro inapreciable en estatuas, muebles, objetos de lujo; pero la mortuoria, según ocurre siempre, no encerraba sino el sarcófago: triple féretro de piedra en la cripta completamente dorada.

»Sin embargo, al lado mismo de la puerta que obstruía con ligero tropiezo, había un precioso taburete incrustado de marfil, sobre el cual —delicada y al mismo tiempo ingenua coquetería en frívola lucha con la eternidad— habían dejado un espejo. Probablemente el más íntimo del regio tocador, a juzgar por su elegancia sencillísima: un óvalo de plata pulida, montado en un mango de ébano que un loto de oro aseguraba, decorándolo a la vez.

»Aquel objeto, sin más destino aparente que una ofrenda sentimental y baladí, era, no obstante, el vengador encargado de la ejecución misteriosa.

»Mas ello requiere todavía algunas explicaciones previas.

»Los antiguos atribuían a los objetos íntimos un alma elemental, o "doble", que les transmitía el contacto humano; y por esto daban nombres personales a sus bastones, joyas, pomos perfumarios, espejos...

»Pero estos últimos cobraban a ése, y a otros respectos una importancia especial, por su vinculación con el don de la mirada.

»Nadie ignora tampoco, pues todo esto es de arqueología clásica, la importancia de los ojos en la simbología egipcia.

»Ojos de esmalte, dotados de sorprendente vida, y montados en placas de metal, representaban, al sol el derecho y a la luna el izquierdo. Eran "los ojos de Horo", el dios párvulo a quien Athor servía de arca o nave conducente, y que personificaba al sol de los muertos, "el sol verde de la media noche". Por lo cual llamábanle también Príncipe de la Esmeralda. Amuletos propicios o maléficos, de ahí provino la creencia en el mal de ojo.

»Athor era también, en aquel caso, diosa de la muerte y bajo el nombre de Nub, que es el mismo del oro, la guardiana de la momia bajo cuyos rasgos renacerá el difunto. Por esto se conservaba en una máscara de oro que coronaba la caja fúnebre, propiamente dicho, el rostro de los reyes muertos. Amor y muerte son, pues, las potencias de Athor.

»Los ojos de esas máscaras, como los de ciertas estatuas que los han conservado, son de una vida intensa hasta el miedo. Pues los antiguos lograron lo que no se ha conseguido después: fijar en los ojos artificiales el poder de la mirada.

»Puedo decirle, todavía, que alcanzaban dicho efecto mediante cierta incidencia angular en la disposición del globo y de la cavidad orbitaria, cuyo secreto se ha perdido.

»De aquí que hasta con las pupilas vaciadas y el rostro casi destruido, como la Grande Esfinge, las estatuas miren aún cual si fuesen verdaderas personas.

»Recuerde usted los ojos del escriba acuclillado del

Louvre, que insisten hasta hacer daño. Y, sin embargo, no son más que dos trozos de cuarzo blanco que engarzan dos pupilas de cristal de roca, en cuyo centro brilla un clavito de bronce.

»Los más "vivos" de aquellos ojos eran de plata, y simbolizaban a la luna o a las estrellas, astros del amor fatal.

Vll

—El espejo, puesto de faz sobre el taburete de la entrada, conservaba, gracias a esa disposición, el pulimento de su luna.

»Y como en todos los casos, habíase contado para la ejecución del castigo, con el movimiento natural, que tratándose de un espejo conduce a mirarse en él.

»Pero, con indescriptible asombro de los exploradores, no fueron sus rostros los que aparecieron en el pulido metal.

»No sus rostros, por ventura, sino el de una maravillosa mujer, cuya mirada, viva hasta el deslumbramiento, entró en sus almas, quitándoles toda potestad de palabra y de reflexión, hasta poseerlas en un vértigo que inspiraba la delicia insaciable, y con ello necesariamente mortal.

»La reina había eternizado para el castigo su propia mirada fatal —la mirada de belleza y de muerte—. Y a la luz de las linternas exploradoras, que reforzaba con un reflejo casi solar el intenso dorado de la cámara fúnebre, su rostro vivía con la vida del "doble" o alma rudimentaria del espejo despierto al contacto humano. Vivía como sonreído y flotante en una atracción abismal, próximo y remoto, a la vez, dentro del óvalo encantado, infundiendo ese desfallecimiento del corazón que no es sino la aceptación irrevocable del destino, ante el verdadero amor o la hermosura suprema.

»Y la impresión fue tan intensa que ambos se volvieron instintivamente a mirar.

»Nada... Nadie...

—¡Una mirada de tres mil años! —dudé yo en voz alta.

—¿Por qué no? —repuso el egipcio con sencillez—. ¿No duran lo mismo en las criptas, perfumes, huellas en el polvo, flores delicadas, que el mero contacto del aire desvanece? ¿No perpetúa el escultor algo tan fugaz como la sonrisa en el mármol o en el bronce?...

»Así los poseía, pues, aquella mirada.

»Hora o minuto, el tiempo no contaba ya. Pero, de pronto, una angustia los sobrecogió: el rostro, que no retrato, empezaba levemente a borrarse. Mejor dicho, se alejaba, sin dejar de imponerles, profundo hasta la desesperación, el prodigio de sus ojos.

»El espejo se dormía.

»Se dormía, es la palabra justa; porque si los objetos magnetizados pueden conservar su latencia indefinidamente, con tal que se les asegure un reposo perfecto —y así hay cadáveres que se mantienen intactos durante siglos—, la tibieza simpática de la mano provoca en ellos, como el agua hirviendo en las plantas secas, un despertamiento fugaz.

»Arrancándose al hechizo, ambos tuvieron la misma idea: conservar fotográficamente lo que pudieran obtener al sol. Mas, por rápidos que anduvieran, la imagen estaba ya asaz borrosa cuando alcanzaron la superficie del desierto.

»Con todo, el sol africano, así como la pericia y las buenas máquinas, debieron ayudarlos bien; porque dos días después, al practicarse la indagación judicial del misterioso doble suicidio que consternó a la ciudad, hallóse en la cartera de cada uno la semivelada pero perceptible prueba fotográfica del retrato de Sha-it.

—¡De Sha-it! —exclamé yo—. ¿Entonces?...

—Así era, en efecto: Hatsú renacida en Sha-it.

»Lo que esta última debió padecer con la investigación y las sospechas imposibles de conjurar, fue terrible. Durante algunas semanas llegué a temer que enloqueciera. Ella, como todos al fin, creíase perseguida por asechanzas infames que habría provocado la envidia de su belleza.

VIII

—El espejo vino a mi poder entonces, costándome un dineral; pero nada quedaba ya en él, bajo el recobrado brillo de la plata. Habíase dormido para siempre.

»Lo verá usted, pues lo he conservado.

»¡Ébano, plata y oro! Si los dos pobres suicidas hubieran entendido algo de magia, no lo tocan jamás. Pues la combinación de materiales apropiados, al ser esencial para los talismanes, revela también su objeto.

»Mas los antiguos sabían que quien viola una tumba puesta bajo ciertos signos, es porque ignora los secretos.

»Así, hallábase también a la vista, en el mango, el nombre del espejo fatal: triple jeroglífico, que para vuestros arqueólogos significaría puramente *"ahh-or-za"*: el dormido, lo cual era ya inquietante; pero que, leído con una clave superior, indicaría algo cuya importancia deducirá usted por el valor individual de cada signo: el antebrazo, símbolo de la fuerza ejecutiva; el ojo palpebrado, símbolo del ensueño; y el cuerpo fecundo de la mujer, o sea su tronco y senos.

»Pero, volvamos a la desgracia de Sha-it, complicada en el proceso y víctima de la calumnia que desde entonces la persigue.

»La infeliz, absuelta en suma, como era de esperarse, ausentóse conmigo, para no volver jamás. Tal es, al menos, su intención. Y cuando al cabo de los veinte años transcurridos, empezaba a olvidar la horrible pesadilla, a renacer para el amor que reclaman su hermosura y su juventud, ya ve usted, señor... ¡Apiádese de ella!...

Un vago sollozo le cortó la palabra. Y como yo, turbado, no respondiera, creyó deber insistir para convencerme:

—Tales ojos, señor, son una fatalidad de raza. Son los ojos idumeos que atrajeron sobre Cleopatra el amor y la desventura.

»Por eso el parecido singular entre los retratos de aquélla y de la reina Hatsú, respectivamente conservados en los templos de Denderah y de Dair el-Bahari. ¡A mil quinientos años de distancia entre una y otra!

»Cleopatra fue hija de una princesa idumea. Hatsú,

nieta de una concubina de la misma nación que su abuelo, el faraón Amenotis I, había tomado, para robustecer la reciente insegura alianza con aquel país, pequeño, pero indispensable al paso de las grandes expediciones contra el Asia.

»Observe usted en la reproducción de aquellas imágenes, la nariz fina y ligeramente arqueada, los largos ojos, la esbeltez felina con que dotó a ciertas razas asiáticas la diosa Sejet, su creadora. Por ella somos parientes con los hebreos. Era la diosa leona, terrible también por los ojos, y patrona de la elegancia corporal.

»Y para acabar de convencerlo sobre la realidad de ese hechizo cuya nativa posesión excluye toda responsabilidad en las desgracias que ocasiona, quiero revelarle la existencia actual de una rama judía, procedente de la antigua Idumea, cuyas mujeres conservan el don fatal en sus ojos negros o azules, y a la cual caracteriza públicamente la peculiaridad de que, en cualquier idioma, pronuncia así la letra...

Pero la puerta del salón abrióse con brusquedad en ese instante, y una mujer arrebatada por la aflicción o por el miedo, apareció, estrujando un papel, entre un cascabeleo de brazaletes.

Sólo acerté a enderezarme, deslumbrado por aquella aparición.

Hallábame ante Sha-it, la Señora de la Mirada.

IX

Cuanto pude imaginarme, palideció ante la realidad.

No sé qué era más subyugador, si la hermosura o la rareza de su tipo.

Tenía realmente ante mí una egipcia faraónica.

Y su presencia bastaba, al punto, para imponer, con una evidencia de esplendor, el dominio de la reina.

Esbelta hasta la vibración, como esos juncos que aun bajo la más perfecta calma están cimbrando con una especie de interna música, su delgadez aérea, exagerándose en finura ascendente, a la manera de una larga flor, perfilaba apenas, en la gracia del andar, la angosta evasión del flanco felino.

Para acentuar la impresión, su levísima túnica verdemar, sin ninguna transparencia, no obstante, revelaba su cuerpo como en una difusión de agua intranquila.

En la iluminación, que puedo más bien decir relámpago de la entrada, sus altas chinelas de oro habían relumbrado como cabezas de serpiente en un erizamiento de lentejuelas.

Ricas pulseras de colores sobrecargaban con suntuosa pesadez sus brazos de ámbar; pero sus dedos fuselados, que se angustiaban sobre el afligente papel, ostentaban de único adorno la alheña que por mitad los teñía.

Palpitaban en su garganta, con centelleo multicolor, los siete collares; y sobre su frente, erguíase como en el aire, al estar retenido por invisible diadema, el áspid de esmalte verde cuyos ojillos eran dos chispas de diamante.

Oyóse, al parar de golpe ante nosotros, el choque como marcial de las ajorcas; y un perfume dulcísimo, de suavidad excesiva hasta el desmayo, «aquel perfume» otra vez, abismó la sala.

Pero, nada menos que ese atavío, anómalo en un día de luto —a no ser por la obligación ritual—, nada menos, digo, requería la prodigiosa mujer.

Su tez, casi cobriza, parecía iluminarse con dorada suavidad, en una morena transparencia de dátil. Sus cabellos, tenebrosos hasta lo siniestro, agobiaban la frente, echando sobre los párpados la sombra arrogante y torva a la vez de un casco guerrero.

El áspid verde, que salía casi del entrecejo, animábase con el sombrío vigor de aquella mata, como en sutil delirio de ponzoña y de aroma.

Leve temblor exaltaba en él la vida de la intensa cabellera. Comprendíase que a título de insuperable lujo, cualquier adorno habría resultado en ella insignificante; y que por esto su dueña escondía hasta la diadema ritual, preservándole en tal forma la integridad de su negro esplendor.

Y contrastando, en el fino cobre del rostro, con aquella melena de ardiente lobreguez, que devoraba las finas cejas nerviosas, su ojos azules, hondísimos, inmensos, que un poeta árabe habría cantado, al morir por ellos de amor, «implacables como el destino y largos como el tormento», dilataban, con la pureza inconquistable de la luz, la antigua serenidad del mar violeta.

Pureza y serenidad, he ahí su expresión divina.

Aunque seguramente habían llorado, su rayo celeste conservaba una limpidez de estrella.

La fatalidad del amor, lejos de turbarlos, comunicábales la ingenuidad atónita de una perpetua adolescencia. La altivez del dominio absoluto caía de ellos como un lejano favor. Iluminados por una vida excelsa, que ya era divinidad, superiores al bien y al mal en la perfección de la belleza, lo que más atraía, sin embargo, en ellos, dimanaba de su potestad indudable sobre la muerte.

¿Por qué digo indudable?...

Yo mismo no acertaría a explicarlo. Pero trátase de una impresión más segura que el raciocinio. Así, en algunos casos, ciertas presencias invisibles, pero evidentes.

Contenida ante el forastero, la Señora de la Mirada, para aplicarle su justísima advocación, había recobrado una imperiosa serenidad.

Noté entonces el delicado perfil de halcón ligeramente huraño, la boca soberbia y carnal que se entreabría sobre los dientes luminosos; y este detalle, al fin humano del todo, que solamente podía advertírsele de costado: las pestañas de largura infantil, cargadas de tristeza, como si estuviesen goteando profundas lágrimas.

Pero, en ese instante, Mansur bey rompió el encanto, alargándome el papel con inquietud.

Era la citación del Juzgado para declarar sobre el suicidio.

XI

Bastóle, sin embargo, la expresión de mis ojos; y dirigiéndose a ella en inglés, por lealtad y por cortesía, díjole con tranquilas palabras que interpretaron exactamente mi pensamiento:

—Nada temas. Este caballero nos ayudará, proporcionándonos un abogado amigo. Parece que no te corresponde ninguna responsabilidad en esa desgracia.

Me incliné asintiendo, y Sha-it agradeció con triste sonrisa.

Entonces, al mirar de nuevo sus ojos, advertí que tenía el poder de apagarlos como las serpientes.

Después, a unas breves palabras en árabe que su tutor le dirigió, fue a sentarse en un diván con abandono resignado.

Cualquiera imagina mi curiosidad, las preguntas que palpitaban en mis labios.

El egipcio, que penetraba una vez más mi pensamiento, adelantóse a contestarlas, volviendo a emplear nuestro idioma, mientras me advertía:

—No se inquiete usted por ella, pues no comprende el español.

Y luego:

—Tampoco arriesgue conjeturas. No se halla usted inscripto en su destino. El otro lo estaba, y la fatalidad empezó a gravitar sobre él desde su visita al sepulcro de la reina.

»Asimismo, es vano su temor del perfume.

»Cuando la antigua soberana trasplantó a su jardín los sicomoros de incienso que le trajeron del País de las Aromas, reabrióse para Egipto la era de los perfumes sagrados.

»Las antiguas macetas existen aún, excavadas en la roca viva, entre los escombros de Dair el-Bahari. Pues todo esto es, adviértoselo una vez más, rigurosamente histórico.

»Tomando aquel incienso como base, la perfume-

ría real fabricó seis esencias de las siete que constitu-
yeron los óleos rituales para el sacrificio de los dioses
y para el supremo bien de los vivos y de los muertos.
Por eso todos se parecen.

»Los arqueólogos sólo conocen el nombre de uno:
el Hakanú, o "perfume de aclamación", como se lo
llamaba por su propiedad de arrancar aplausos, tal
como provoca la risa el gas hilarante o protóxido de
ázoe de vuestros químicos.

»Ése fue el perfume real de las ceremonias.

»Habrá usted hallado algo de eso en sus estudios
sobre la antigua "Orden de los Asesinos", que, per-
donando mi abuso en gracia de mi buena intención,
debería usted abandonar en el punto adonde ha llegado.

»Pero, volviendo a los perfumes, la reina antigua
fue la inventora del séptimo, el más parecido al de la
muerte por su intensidad y penetración: *"Atórat-el-
Yamal"*, el aroma de belleza, conforme está descrito
en los jeroglíficos que Augusto Mariette descifró:

»"Su Majestad en persona fabricó de su propia
mano una esencia aromática para todos sus miem-
bros. Entonces exhaló el perfume del rocío divino; su
piel brilló como el oro y su rostro resplandeció como
las estrellas en la gran sala de las fiestas."

La egipcia se estremeció como si entendiera.

El sol meridiano entró en ese momento por la
ventana exterior, iluminándola con su pincelada
oblicua.

Y, fuera sugestión del arcaico texto, o ilusoria impresión del rayo solar, bajo la túnica súbitamente
transparentada, su cuerpo resplandeció como el oro.

Ahora, cuando falta, quizá, lo más importante, advierto mi ligereza en haber prometido bajo palabra de honor, que no diría una palabra más sobre el secreto de Sha-it.

No creo mucho en las consecuencias de una indiscreción, y hasta es probable que la única víctima haya sido mi credulidad; pero el temor de cometer una mala acción me contiene.

Añadiré, únicamente, que soy propietario del espejo, valiosa reliquia en verdad, y no hay para qué decir que continúa siempre «dormido».

Con todo, mirándolo bajo cierta incidencia, paréceme que al cabo de dos o tres minutos pasa por el metal una especie de mirada que produce cierto mareo.

Y como no sé lo que es, si es algo, en suma, ni me agrada la inquietud, ni profeso la arqueología, he resuelto donarlo mañana mismo al Museo Etnográfico de la Facultad de Letras, donde podrá verlo el curioso lector.

La estatua de sal

He aquí cómo refirió el peregrino la verdadera historia del monje Sosistrato:

—Quien no ha pasado alguna vez por el monasterio de San Sabas diga que no conoce la desolación. Imaginaos un antiquísimo edificio situado sobre el Jordán, cuyas aguas saturadas de arena amarillenta se deslizan ya casi agotadas hacia el Mar Muerto por entre bosquecillos de terebintos y manzanos de Sodoma. En toda aquella comarca no hay más que una palmera cuya copa sobrepasa los muros del monasterio. Una soledad infinita, sólo turbada de tarde en tarde por el paso de algunos nómades que trasladan sus rebaños; un silencio colosal que parece bajar de las montañas, cuya eminencia amuralla el horizonte. Cuando sopla el viento del desierto, llueve arena impalpable; cuando el viento es del lago, todas las plantas quedan cubiertas de sal. El ocaso y la aurora confúndense en una misma tristeza. Sólo aquellos que deben expiar grandes crímenes arrostran semejantes soledades. En el convento se puede oír misa y comulgar. Los monjes, que no son ya más que cinco, y todos por lo menos sexagenarios, ofrecen al peregrino una modesta colación de dátiles fritos, uvas, agua del río y algunas veces vino de palmera. Jamás salen del monasterio, aunque las tribus vecinas los respetan porque son buenos médicos. Cuando muere alguno, lo sepultan en las cuevas que hay debajo, a la orilla del río, entre las rocas. En esas cuevas anidan ahora parejas de palomas azules, amigas del convento; antes, hace ya muchos años, habitaron en ellas los primeros anacoretas, uno de los cuales fue el monje Sosistrato, cuya historia he prometido contaros. Ayúdeme Nuestra Señora del Carmelo y vosotros escuchad con atención. Lo que vais a oír me lo refirió palabra por palabra el hermano Porfirio, que ahora está sepultado en una de las cuevas de San Sabas, donde acabó su santa vida a los ochenta años en la virtud y la penitencia. Dios lo haya acogido en su gracia. Amén.

Sosistrato era un monje armenio, que había resuelto pasar su vida en la soledad con varios jóvenes compañeros suyos de vida mundana, recién convertidos a la religión del crucificado. Pertenecía, pues, a la fuerte raza de los estilitas. Después de largo vagar por el desierto, encontraron un día las cavernas de que os he hablado y se instalaron en ellas. El agua del Jordán y los frutos de una pequeña hortaliza que cultivaban en común, bastaban para llenar sus necesidades. Pasaban los días orando y meditando. De aquellas grutas surgían columnas de plegarias, que contenían con su esfuerzo la vacilante bóveda de los cielos, próxima a desplomarse sobre los pecados del mundo. El sacrificio de aquellos desterrados, que ofrecían diariamente la maceración de sus carnes y la pena de sus ayunos a la justa ira de Dios, para aplacarla, evitaron muchas pestes, guerras y terremotos. Esto no lo saben los impíos que ríen con ligereza de las penitencias de los cenobitas. Y, sin embargo, los sacrificios y oraciones de los justos son las claves del techo del universo.

Al cabo de treinta años de austeridad y silencio, Sosistrato y sus compañeros habían alcanzado la santidad. El demonio, vencido, aullaba de impotencia bajo el pie de los santos monjes. Éstos fueron acabando sus vidas uno tras otro, hasta que al fin Sosistrato se quedó solo. Estaba muy viejo, muy pequeñito. Se había vuelto casi trasparente. Oraba arrodillado quince horas diarias, y tenía revelaciones. Dos palomas amigas traíanle cada tarde algunos granos de granada y se los daban a comer con el pico. Nada más que de eso vivía; en cambio, olía bien como un jazminero por la tarde. Cada año, el viernes doloroso, encontraba al despertar, en la cabecera de su lecho de ramas, una copa de oro llena de vino y un pan, con cuyas especies comulgaba absorbiéndose en éxtasis inefables. Jamás se le ocurrió pensar de dónde vendría aquello, pues bien sabía que el Señor Jesús puede hacerlo. Y aguardando con unción perfecta el día de su ascensión a la bienaventuranza, continuaba soportando sus años. Desde hacía más de cincuenta, ningún caminante había pasado por allí.

Pero una mañana, mientras el monje rezaba con sus palomas, éstas asustadas de pronto, echaron a volar abandonándolo. Un peregrino acababa de llegar a la entrada de la caverna. Sosistrato, después de saludarlo con santas palabras, lo invitó a reposar indicándole un cántaro de agua fresca. El desconocido bebió con ansia, como si estuviese anonadado de fatiga; y después de consumir un puñado de frutas secas que extrajo de su alforja, oró en compañía del monje.

Transcurrieron siete días. El caminante refirió su peregrinación desde Cesárea hasta las orillas del Mar Muerto, terminando la narración con una historia que preocupó a Sosístrato.

—He visto los cadáveres de las ciudades malditas —dijo una noche a su huésped—; he mirado humear el mar como una hornalla, y he contemplado lleno de espanto a la mujer de sal, la castigada esposa de Lot. La mujer está viva, hermano mío, y yo la he escuchado gemir y la he visto sudar al sol del mediodía.

—Cosa parecida cuenta Juvencus en su tratado *De Sodoma* —dijo en voz baja Sosístrato.

—Sí, conozco el pasaje —añadió el peregrino—. Algo más definitivo hay en él todavía; y de ello resulta que la esposa de Lot ha seguido siendo fisiológicamente mujer. Yo he pensado que sería obra de caridad libertarla de su condena. . .

—Es la justicia de Dios —exclamó el solitario.

—¿No vino Cristo a redimir también con su sacrificio los pecados del antiguo mundo? —replicó suavemente el viajero, que parecía docto en letras sagradas—. ¿Acaso el bautismo no lava igualmente el pecado contra la Ley que el pecado contra el Evangelio...?

Después de estas palabras, ambos entregáronse al sueño. Fue aquélla la última noche que pasaron juntos. Al siguiente día el desconocido partió, llevando consigo la bendición de Sosistrato; y no necesito deciros que, a pesar de sus buenas apariencias, aquel fingido peregrino era Satanás en persona.

El proyecto del maligno fue sutil. Una preocupación tenaz asaltó desde aquella noche el espíritu del santo. ¡Bautizar la estatua de sal, libertar de su suplicio aquel espíritu encadenado! La caridad lo exigía, la razón argumentaba. En esta lucha trascurrieron meses, hasta que por fin el monje tuvo una visión. Un ángel se le apareció en sueños y le ordenó ejecutar el acto.

Sosistrato oró y ayunó tres días, y en la mañana del cuarto, apoyándose en su bordón de acacia, tomó, costeando el Jordán, la senda del Mar Muerto. La jornada no era larga, pero sus piernas cansadas apenas podían sostenerlo. Así marchó durante dos días. Las fieles palomas continuaban alimentándolo como de ordinario, y él rezaba mucho, profundamente, pues aquella resolución afligíalo en extremo. Por fin, cuando sus pies iban a faltarle, las montañas se abrieron y el lago apareció.

Los esqueletos de las ciudades destruidas iban poco a poco desvaneciéndose. Algunas piedras quemadas era todo lo que restaba ya: trozos de arcos, hileras de adobes carcomidos por la sal y cimentados en betún... El monje reparó apenas en semejantes restos, que procuró evitar a fin de que sus pies no se manchasen a su contacto. De repente, todo su viejo cuerpo tembló. Acababa de advertir hacia el sud, fuera ya de los escombros, en un recodo de las montañas desde el cual apenas se los percibía, la silueta de la estatua.

Bajo su manto petrificado, que el tiempo había roí-

50

do, era larga y fina como un fantasma. El sol brillaba con límpida incandescencia, calcinando las rocas, haciendo espejear la capa salobre que cubría las hojas de los terebintos. Aquellos arbustos, bajo la reverberación meridiana, parecían de plata. En el cielo no había una sola nube. Las aguas amargas dormían en su característica inmovilidad. Cuando el viento soplaba, podía escucharse en ellas, decían los peregrinos, cómo se lamentaban los espectros de las ciudades.

Sosistrato se aproximó a la estatua. El viajero había dicho verdad. Una humedad tibia cubría su rostro. Aquellos ojos blancos, aquellos labios blancos, estaban completamente inmóviles bajo la invasión de la piedra en el sueño de sus siglos. Ni un indicio de vida salía de aquella roca. El sol la quemaba con tenacidad implacable, siempre igual desde hacía miles de años; y sin embargo, ¡esa efigie estaba viva, puesto que sudaba! Semejante sueño resumía el misterio de los espantos bíblicos. La cólera de Jehová había pasado sobre aquel ser, espantosa amalgama de carne y de peñasco. ¿No era temeridad el intento de turbar ese sueño? ¿No caería el pecado de la mujer maldita sobre el insensato que procuraba redimirla? Despertar el misterio es una locura criminal, tal vez una tentación del infierno. Sosistrato, lleno de congoja, se arrodilló a orar en la sombra de un bosquecillo...

Cómo se verificó el acto, no os lo voy a decir. Sabed únicamente que, cuando el agua sacramental cayó sobre la estatua, la sal se disolvió lentamente, y a los ojos del solitario apareció una mujer, vieja como la eternidad, envuelta en andrajos terribles, de una lividez de ceniza, flaca y temblorosa, llena de siglos. El monje, que había visto al demonio sin miedo, sintió el pavor de aquella aparición. Era el pueblo réprobo lo que se levantaba en ella. ¡Esos ojos vieron la combustión de los azufres llovidos por la cólera divina sobre la ignominia de las ciudades; esos andrajos estaban tejidos con el pelo de los camellos de Lot; esos pies hollaron las cenizas del incendio del Eterno! Y la espantosa mujer le habló con su voz antigua.

Ya no recordaba nada. Sólo una vaga visión del incendio, una sensación tenebrosa despertada a la vista de aquel mar. Su alma estaba vestida de confusión. Había dormido mucho, un sueño negro como el sepulcro. Sufría sin saber por qué, en aquella sumersión de pesadilla. Ese monje acababa de salvarla. Lo sentía. Era lo único claro en su visión reciente. Y el mar... el incendio... la catástrofe... las ciudades ardidas... Todo aquello se desvanecía en una clara visión de muerte. Iba a morir. Estaba salvada, pues. ¡Y era el monje quien la había salvado!

Sosístrato temblaba, formidable. Una llama roja incendiaba sus pupilas. El pasado acababa de desvanecerse en él, como si el viento de fuego hubiera barrido su alma. Y sólo este convencimiento ocupaba su conciencia: *¡la mujer de Lot estaba allí!* El sol descendía hacia las montañas. Púrpuras de incendio manchaban el horizonte. Los días trágicos revivían en aquel aparato de llamaradas. Era como una resurrección del castigo, reflejándose por segunda vez sobre las aguas del lago amargo. Sosístrato acababa de retroceder en los siglos. Recordaba. Había sido actor en la catástrofe. Y esa mujer... ¡esa mujer le era conocida!

Entonces un ansia espantosa le quemó las carnes. Su lengua habló, dirigiéndose a la espectral resucitada:

—Mujer, respóndeme una sola palabra.

—Habla... Pregunta...

—¿Responderás?

—Sí; habla. ¡Me has salvado!

Los ojos del anacoreta brillaron, como si en ellos se concentrase el resplandor que incendiaba las montañas.

—*Mujer, dime qué viste cuando tu rostro se volvió para mirar*.

Una voz anudada de angustia le respondió:

—Oh, no... Por Elohim, ¡no quieras saberlo!

—¡Dime qué viste!

—No... no... ¡Sería el abismo!

—Yo quiero el abismo.

—Es la muerte...

—¡Dime qué viste!

—¡No puedo... no quiero!

—Yo te he salvado.

—No... no...

El sol acababa de ponerse.

—¡Habla!

La mujer se aproximó. Su voz parecía cubierta de polvo; se apagaba, se crepusculizaba, agonizando.

—¡Por las cenizas de tus padres...!

—¡Habla!

Entonces aquel espectro aproximó su boca al oído del cenobita y dijo una palabra. Y Sosístrato, fulminado, anonadado, sin arrojar un grito, cayó muerto. Roguemos a Dios por su alma...

Los caballos de Abdera

Abdera, la ciudad tracia del Egeo, que actualmente es Balastra y que no debe ser confundida con su tocaya bética, era célebre por sus caballos.

Descollar en Tracia por sus caballos no era poco; y ella descollaba hasta ser única. Los habitantes todos tenían a gala la educación de tan noble animal; y esta pasión cultivada a porfía durante largos años había producido efectos maravillosos. Los caballos de Abdera gozaban de fama excepcional, y todas las poblaciones tracias, desde los cicones hasta los bisaltos, eran tributarios en esto de los bistones, pobladores de la mencionada ciudad. Debe añadirse que semejante industria, uniendo el provecho a la satisfacción, ocupaba desde el rey hasta el último ciudadano.

Estas circunstancias habían contribuido también a intimar las relaciones entre el bruto y sus dueños, mucho más de lo que era y es habitual para el resto de las naciones, llegando a considerarse las caballerizas como un ensanche del hogar, y extremándose las naturales exageraciones de toda pasión, hasta admitir caballos en la mesa.

Eran verdaderamente notables corceles, pero bestias al fin. Otros dormían en cobertores de biso; algunos pesebres tenían frescos sencillos, pues no pocos veterinarios sostenían el gusto artístico de la raza caballar, y el cementerio equino ostentaba entre pompas burguesas, ciertamente recargadas, dos o tres obras maestras. El templo más hermoso de la ciudad estaba consagrado a Arión, el caballo que Neptuno hizo salir de la tierra con un golpe de su tridente; y creo que la moda de rematar las proas en cabezas de caballo tenga igual provenencia; siendo seguro, en todo caso, que los bajos relieves hípicos fueron el ornamento más común de toda aquella arquitectura. El monarca era quien se mostraba más decidido por los corceles, llegando hasta tolerar a los suyos verdaderos crímenes que los volvieron singularmente bravíos; de tal modo que los nombres de Podargos y de Lampón figuraban en fábulas sombrías; pues es del caso decir que los caballos tenían nombres como personas.

Tan amaestrados estaban aquellos animales, que las bridas eran innecesarias; conservándolas únicamente como adornos, muy apreciados desde luego por los mismos caballos. La palabra era el medio usual de comunicación con ellos; y observándose que la libertad favorecía el desarrollo de sus buenas condiciones, dejábanlos todo el tiempo no requerido por la albarda o el arnés, en libertad de cruzar a sus anchas las magníficas praderas formadas en el suburbio, a la orilla del Kossínites, para su recreo y alimentación.

A son de trompa los convocaban cuando era menester, y así para el trabajo como para el pienso eran exactísimos. Rayaba en lo increíble su habilidad para toda clase de juegos de circo y hasta de salón, su bravura en los combates, su discreción en las ceremonias solemnes. Así, el hipódromo de Abdera tanto como sus compañías de volatines; su caballería acorazada de bronce y sus sepelios habían alcanzado tal renombre, que de todas partes acudía gente a admirarlos: mérito compartido por igual entre domadores y corceles.

Aquella educación persistente, aquel forzado despliegue de condiciones, y para decirlo todo en una palabra, aquella *humanización* de la raza equina, iban engendrando un fenómeno que los bistones festejaban como otra gloria nacional: la inteligencia de los caballos comenzaba a desarrollarse pareja con su conciencia, produciendo casos anormales que daban pábulo al comentario general.

Una yegua había exigido espejos en su pesebre, arrancándolos con los dientes de la propia alcoba patronal y destruyendo a coces los de tres paineles cuando no le hicieron el gusto. Concedido el capricho, daba muestras de coquetería perfectamente visible.

Balios, el más bello potro de la comarca, un blanco elegante y sentimental que tenía dos campañas militares y manifestaba regocijo ante el recitado de hexámetros heroicos, acababa de morir de amor por una dama. Era la mujer de un general, dueño del enamorado bruto, y por cierto no ocultaba el suceso. Hasta se creía que halagaba su vanidad, siendo esto muy natural por otra parte en la ecuestre metrópoli.

Señalábase igualmente casos de infanticidio, que aumentando en forma alarmante, fue necesario corregir con la presencia de viejas mulas adoptivas; un gusto creciente por el pescado y por el cáñamo cuyas plantaciones saqueaban los animales; y varias rebeliones aisladas que hubo de corregirse, siendo insuficiente el látigo, por medio del hierro candente. Esto último fue en aumento, pues el instinto de rebelión progresaba a pesar de todo.

Los bistones, más encantados cada vez con sus caballos, no paraban mientes en eso. Otros hechos más significativos produjéronse de allí a poco. Dos o tres atalajes habían hecho causa común contra un carretero que azotaba su yegua rebelde. Los caballos resistíanse cada vez más al enganche y al yugo, de tal modo que empezó a preferirse el asno. Había animales que no aceptaban determinado apero; mas como pertenecían a los ricos, se difería a su rebelión comentándola mimosamente a título de capricho.

Un día los caballos no vinieron al son de la trompa, y fue menester constreñirlos por la fuerza; pero los subsiguientes, no se reprodujo la rebelión.

Al fin ésta ocurrió cierta vez que la marea cubrió la playa de pescado muerto como solía suceder. Los caballos se hartaron de eso, y se los vio regresar al campo suburbano con lentitud sombría.

Medianoche era cuando estalló el singular conflicto.

De pronto un trueno sordo y persistente conmovió el ámbito de la ciudad. Era que todos los caballos se habían puesto en movimiento a la vez para asaltarla; pero esto se supo luego, inadvertido al principio en la sombra de la noche y la sorpresa de lo inesperado.

Como las praderas de pastoreo quedaban entre las

murallas, nada pudo contener la agresión; y añadido a esto el conocimiento minucioso que los animales tenían de los domicilios, ambas cosas acrecentaron la catástrofe.

Noche memorable entre todas, sus horrores sólo aparecieron cuando el día vino a ponerlos en evidencia, multiplicándolos aun.

Las puertas reventadas a coces yacían por el suelo, dando paso a feroces manadas que se sucedían casi sin interrupción. Había corrido sangre, pues no pocos vecinos cayeron aplastados bajo el casco y los dientes de la banda en cuyas filas causaron estragos también las armas humanas.

Conmovida de tropeles, la ciudad oscurecíase con la polvareda que engendraban; y un extraño tumulto formado por gritos de cólera o de dolor, relinchos variados como palabras a los cuales mezclábase uno que otro doloroso rebuzno, y estampidos de coces sobre las puertas atacadas, unía su espanto al pavor visible de la catástrofe. Una especie de terremoto incesante hacía vibrar el suelo con el trote de la masa rebelde, exaltado a ratos como en ráfaga huracanada por frenéticos tropeles sin dirección y sin objeto; pues habiendo saqueado todos los plantíos de cáñamo, y hasta algunas bodegas que codiciaban aquellos corceles pervertidos por los refinamientos de la mesa, grupos de animales ebrios aceleraban la obra de destrucción. Y por el lado del mar era imposible huir. Los caballos, conociendo la misión de las naves, cerraban el acceso del puerto.

Sólo la fortaleza permanecía incólume y empezábase a organizar en ella la resistencia. Por lo pronto cubríase de dardos a todo caballo que cruzaba por allá; y cuando caía cerca, era arrastrado al interior como vitualla.

Entre los vecinos refugiados circulaban los más extraños rumores. El primer ataque no fue sino un saqueo. Derribadas las puertas, las manadas introducíanse en las habitaciones, atentas sólo a las colgaduras suntuosas con que intentaban revestirse, a las joyas y objetos brillantes. La oposición a sus designios fue lo que suscitó su furia.

Otros hablaban de monstruosos amores, de mujeres asaltadas y aplastadas en sus propios lechos con ímpetu bestial; y hasta se señalaba una noble doncella que sollozando narraba entre dos crisis su percance: el despertar en la alcoba a la media luz de la lámpara, rozados sus labios por la innoble jeta de un potro negro que respingaba de placer el belfo enseñando su dentadura asquerosa; su grito de pavor ante aquella bestia convertida en fiera, con el resplandor humano y malévolo de sus ojos incendiados de lubricidad; el mar de sangre con que la inundara al caer atravesado por la espada de un servidor...

Mencionábanse varios asesinatos en que las yeguas se habían divertido con saña femenil, despachurrando a mordiscos las víctimas. Los asnos habían sido exterminados, y las mulas subleváronse también, pero con torpeza inconsciente, destruyendo por destruir, y particularmente encarnizadas contra los perros.

El tronar de las carreras locas seguía estremeciendo la ciudad, y el fragor de los derrumbes iba aumentando. Era urgente organizar una salida, por más que el número y la fuerza de los asaltantes la hiciera singularmente peligrosa, si no se quería abandonar la ciudad a la más insensata destrucción.

Los hombres empezaron a armarse; mas, pasado el primer momento de licencia, los caballos habíanse decidido a atacar también.

Un brusco silencio precedió al asalto. Desde la fortaleza distinguían el terrible ejército que se congregaba, no sin trabajo, en el hipódromo. Aquello tardó varias horas, pues cuando todo parecía dispuesto, súbitos corcovos y agudísimos relinchos cuya causa era imposible discernir, desordenaban profundamente las filas.

El sol declinaba ya, cuando se produjo la primera carga. No fue, si se permite la frase, más que una demostración, pues los animales limitáronse a pasar corriendo frente a la fortaleza. En cambio, quedaron acribillados por las saetas de los defensores.

Desde el más remoto extremo de la ciudad lanzáronse otra vez, y su choque contra las defensas fue formidable. La fortaleza retumbó entera bajo aquella tempestad de los cascos, y sus recias murallas dóricas quedaron, a decir verdad, profundamente trabajadas.

Sobrevino un rechazo, al cual sucedió muy luego un nuevo ataque.

Los que demolían eran caballos y mulos herrados que caían a docenas; pero sus filas cerrábanse con encarnizamiento furioso, sin que la masa pareciera disminuir. Lo peor era que algunos habían conseguido vestir sus bardas de combate en cuya malla de acero se embotaban los dardos. Otros llevaban jirones de tela vistosa, otros collares; y pueriles en su mismo furor, ensayaban inesperados retozos.

Desde las murallas los conocían. ¡Dinos, Aethon, Ameteo, Xanthos! Y ellos saludaban, relinchaban gozosamente, enarcaban la cola, cargando en seguida con fogosos respingos. Uno, un jefe ciertamente, irguióse sobre sus corvejones, caminó así un trecho manoteando gallardamente al aire como si danzara un marcial balisteo, contorneando el cuello con serpentina elegancia, hasta que un dardo se le clavó en medio del pecho...

Entretanto, el ataque iba triunfando. Las murallas empezaban a ceder.

Súbitamente una alarma paralizó a las bestias. Unas sobre otras, apoyándose en ancas y lomos, alargaron sus cuellos hacia la alameda que bordeaba la margen del Kossínites; y los defensores, volviéndose hacia la misma dirección, contemplaron un tremendo espectáculo.

Dominando la arboleda negra, espantosa sobre el cielo de la tarde, una colosal cabeza de león miraba hacia la ciudad. Era una de esas fieras antediluvianas cuyos ejemplares, cada vez más raros, devastaban de tiempo en tiempo los montes Ródopes. Mas nunca se había visto nada tan monstruoso, pues aquella cabeza dominaba los más altos árboles, mezclando a las hojas teñidas de crepúsculo las greñas de su melena.

Brillaban claramente sus enormes colmillos, percibíanse sus ojos fruncidos ante la luz, llegaba en el hálito de la brisa su olor bravío. Inmóvil entre la palpitación del follaje, herrumbrada por el sol casi hasta dorarse su gigantesca crin, alzábase ante el horizonte como uno de esos bloques en que el pelasgo, contemporáneo de las montañas, esculpió sus bárbaras divinidades.

Y de repente empezó a andar, lento como el océano. Oíase el rumor de la fronda que su pecho apartaba, su aliento de fragua que iba sin duda a estremecer la ciudad cambiándose en rugido.

A pesar de su fuerza prodigiosa y de su número, los caballos sublevados no resistieron semejante aproximación. Un solo ímpetu los arrastró por la playa, en dirección a la Macedonia, levantando un verdadero huracán de arena y de espuma, pues no pocos disparábanse a través de las olas.

En la fortaleza reinaba el pánico. ¿Qué podrían contra semejante enemigo? ¿Qué gozne de bronce resistiría a sus mandíbulas? ¿Qué muro a sus garras...?

Comenzaban ya a preferir el pasado riesgo (al fin era una lucha contra bestias civilizadas) sin aliento ni para enflechar sus arcos, cuando el monstruo salió de la alameda.

No fue un rugido lo que brotó de sus fauces, sino un grito de guerra humano: el bélico ¡alalé! de los combates, al que respondieron con regocijo triunfal los *hoyohei y los hoyotohó* de la fortaleza.

¡Glorioso prodigio!

Bajo la cabeza del felino, irradiaba luz superior el rostro de un numen; y mezclados soberbiamente con la flava piel, resaltaban su pecho marmóreo, sus brazos de encina, sus muslos estupendos.

Y un grito, un solo grito de libertad, de reconocimiento, de orgullo, llenó la tarde:

—¡Hércules, es Hércules que llega!

Índice

Otras obras del autor en Alianza Editorial:

Antología poética (LB 885)

Últimos títulos de la colección: